벙어리 새

박종구 시조집

목언예원

이 도서의 국립중앙도서관 출판예정도서목록(CIP)은 서지정보유통지원시스템 홈페이지(http://seoji.nl.go.kr)와 국가자료공동목록시스템(http://www.nl.go.kr/kolisnet)에서 이용하실 수 있습니다.(CIP제어번호: CIP2019032298)

벙어리 새

지은이 · 박종구
펴낸이 · 민병도
펴낸곳 · 목언예원

초판 인쇄 : 2019년 8월 25일
초판 발행 : 2019년 8월 30일

목언예원
출판등록 : 2003년 2월 28일 제8호
경북 청도군 금천면 선바위길 53 (신지2리 390-2)
전화 : 054-371-3544 (팩스겸용)
E-mail : mbdo@daum.net

ISBN 978-89-94733-80-7 03810

경상북도의 2019년 지역 문화 예술 육성 지원비를 받아 출판함.

가격 : 10,000원

벙어리 새

박종구 시조집

목언예원

■ 시인의 말

시조집 『질경이의 노래』를 낸 이후 두 번째 시조집을 묶는다.

시조는, 내 앞에 놓인 깊고 고단한 세월을 건너는 지팡이가 되어 주었다.

눈 먼 나의 시조여,

너는 나에게 단 한 번 물었는데

나는 너에게 영원히 답을 하고 있구나

이따금 하려는 말이 그 안에 담겨졌으면 좋겠다.

2019년 8월
박종구

CONTENTS

벙어리 새

— 박종구 시조집

01 벙어리 새

고장 난 벽시계처럼
야근
입춘 무렵
가마니 짜기
반액 세일 · 1
반액 세일 · 2
아버지를 읽다
허수아비 눈물
등단
경칩 무렵
소화기
분봉
마른산국 꽃대
벙어리 새
밥알
강물
바다
보름달

고장 난 벽시계처럼

관절이 녹슬었나 성난 바람 끌어안고
짧은 다리 질질 끌며 녹초가 된 최 대리
노을에 등을 기대고 땀을 잠시 닦는다

남은 휴가 하나 없이 마음조차 얼어붙어
놓쳐버린 길 위에서 먼 산을 바라보면
고장 난 벽시계처럼 또 하루가 삐걱댄다

지울수록 살아나는 계약 만기 붉은 쪽지
두 아이 등록금에 매달린 다섯 식구
삐딱한 야윈 어깨에 초승달이 아슬하다

야근

조인 듯 풀려 있는 내 눈 속 궁금한가
깊고도 고요한 벽 누가 자꾸 두드린다
삐그덕 제 살 깎으며 엇물리는 기계 소리

명찰마저 뜯겨나간 피 묻은 작업복 곁에
젖은 땀 흠뻑 고인 다 낡은 안전화 한 짝
서로가 등을 돌린 채 먼 산 보고 누웠다

입춘 무렵

봄을 물고 앉았는가
잔설 아래 분주한 손

야윈 햇살 빌려와서
몸 풀고 기지개 켜는

설중매 산일産日 헤아려
치마끈을 조여 맨다

가마니 짜기
—퇴고

짚 다발 탈탈 털고
정갈하게 다듬어서

새끼줄에 운율 엮어
행간마다 내려치면

그 만큼 맞은 그 만큼,
영토가 넓혀진다

반액 세일 1

호각 소리 꺼져있는 빈방에 혼자 남아
출근길 자동차만 멍하니 보다가
이내의 앓는 소리에 깜짝 놀라 일어섰다

소금물에 절인 배추 해 종일 치대었다
전화벨이 울어도 허리 한번 펴지 못하고
약 오른 파 뿌리보다 더 매운 하루였다

꽃 버린 텅 빈 대궁 빗물이 파고들 듯
한평생 닳고 지친 그믐달을 배우며
쉿물에 절인 삼십 년, 반액 세일 중이다

반액 세일 2

외투 깃 절로 서는 얼어붙은 칠흑 새벽
짓눌린 어깨 위의 드센 바람 이기지 못해
무너진 등짐을 풀고 벽돌 몇 개 걷어냈다

뼈만 남아 앙상한 소금기 저린 이력,
부풀린 그만치는 잠도 삭아 쏟아지고
짠물에 절여진 하루가 십 년보다 길었다

시리고 저린 몸을 다시 또 추슬러서
꿈결과 강물 사이, 새벽길 열어 놓고
슬며시 반액 세일 띠 옷깃 속에 감춘다

아버지를 읽다

피붙이들 모두 떠난 휑한 빈방, 너무 크다
묵은 먼지 털어내고 아랫목에 앉노라면
아버지 앉았던 자리 등이 굽은 소나무,

베잠방이 다 젖도록 물갈이 써레질하며
허기진 칠 남매를 끌어안은 야윈 이력,
날마다 부메랑 되어 내 마음을 다그친다

사진첩에 숨은 시간 하나 둘 꺼내 보면
얼굴마다 깊이 배인 아픔들이 되살아나
내 육순 굽이친 어깨, 날갯짓이 버겁다

허수아비 눈물

육순의 마른 잎에
어둠조차 내려앉아

진 곳은 마르고
마른 곳은 짓무르는

한줄기 피 묻은 눈물,
반송되는 편지 같은

등단

배 번호와 칩을 달고
출발선에 기다리다

'탕'하는 총소리에
깜짝 놀라 뛰어가는,

끝나도 끝나지 않은
혼자만의 짝사랑

경칩 무렵

우수와 춘분 사이
산새들의 함성, 징하다

키 낮은 아지랑이
날 준비 서두르고

복수초 입덧을 풀며
신발 끈을 조여 맨다

소화기消火器

온몸이 시뻘겋게
발의 지문 새겨가며

때로는 천덕꾸러기
문 받침대 신세지만

언젠가 박차고 떠날
그 날을 재고 있다

분봉

백성들을 놔둔 채
자리를 비켜주는가

백만대군 호위 속에
새봄 물고 앉은 여왕

빈 적막 등에 지고서
새 궁궐을 짓고 있다

마른산국 꽃대
—구룡포 충혼탑에서

총칼에 찍힌 상처 가슴 깊이 물든 날들
꿈 하나 피우지 못한 젊은 날의 꽃봉오리가
비탈진 길섶에 누워 국화 향기 뿜는다

비린내 울컥 쏟는 솔밭 아래 잠든 그대
하얗게 마른 꽃대 달빛 한 섬 스며들면
숨겨온 아픈 상처에 놀란 햇살 일어선다

벙어리 새
–강제 징용

옹이 진 그리움은 대를 물린 죄가 되나
욱신대던 등뼈까지 기우뚱, 무너져도
그 흔한 반성문 하나 쓰는 이가 없었다

메탄가스 가득 찬 시곗바늘 멈춘 갱도
튀는 눈물 국물 삼아 깻묵으로 버틴 아버지
품삯은 사치스런 꿈, 사는 것이 벌이었다

울음마저 빼앗기고 날개는 또 꺾이지만
고향의 푸른 언덕 청보리 익는 소리에
땀으로 목을 축이며 소리 없이 울었다

밥알

하얀 별이 서로서로
끌어안고 속삭이네

따스한 밥일 때는
어깨동무, 하자더니

찬밥 돼 서로 엉켜서
강강술래 하자네

강물
–길을 막으면

내가 먼저 가려고
다투지 않는다

서로서로 손잡고
한눈팔지 않는다

누군가 길을 막으면
차례차례 돌아간다

바다

신발을 벗어 던진
한 여인이 신음하네

탯줄 단 치어들이
꼬물꼬물 헤엄치며

해 저문 수평선 밖의
목선을 끌고 오네

보름달

하늘 문을 열어 놓아
기러기 떼 돌아오던 날

속살이 훤히 비친
눈부신 한 여인이

다소곳 창가에 앉아
가야금 뜯고 있다

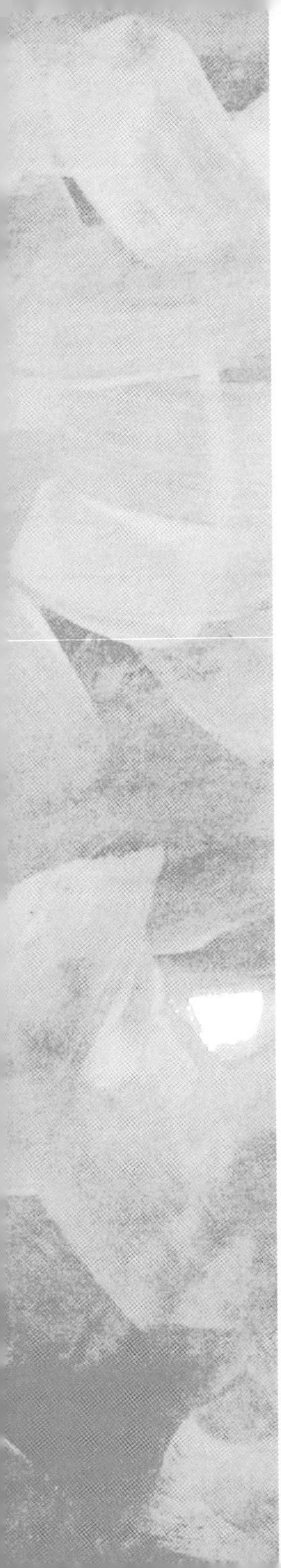

02 형산강 시편

발원지에서
지류도 만나고
갈발머리
입동
늪지도 만나고
다슬기의 하루
천북 산업단지
안강 두류공단
눈먼 숭어
강동 산업단지
청둥오리
재첩
동빈 내항
새벽을 열며
상처도 안아주고
자전거 길에서

발원지에서
–형산강 1

백운산 깊은 계곡 거칠고 험한 산길
낮게낮게 몸 낮추고 옆길도 돌아보며
설한풍 몸으로 맞서 삼강봉을 떠난다

붉은 물과 푸른 물 사이, 처음 만난 낯선 얼굴
서로가 안부 묻듯 내민 손을 덥석 잡아
늠연히 산굽이 돌아 마중물로 일어선다

지류도 만나고
—형산강 2

내가 먼저 가지 않고 너도 먼저 오지 않고
더 빨리 흘러가라 등 떠밀지 않는다
이웃집 비집고 들면 싫다 않고 받아준다

등잔불 밝혀놓은 징검돌 다리 지나
서로가 맞잡은 두 손 웃음꽃을 피운다
복안천 돌아가는 길 은하수 굽은 동쪽

갈밭 머리
–형산강 3

길 잃은 강바람이
신당천에 몰려들자

갈대들이 얼싸안고
마른 울음 울어댄다

달빛이 내린 밤이면
목이 쉬는 진양조

입동
—형산강 4

시름시름 앓아가며 사나흘 밤 기다렸다
첫사랑 연서 물고 나래 펴는 기러기 떼,
흰 꼬리 흔들어 대며 저녁 하늘 끌고 간다

물결은 음파처럼 촘촘히 밀려오고
속대를 쥐어 틀어 물기를 다 말리고는
갈대꽃 하얀 파도가 기계천변 밝힌다

말리면 말린 만큼 편하고 부드러운,
비우면 비운만큼 홀가분한 가벼움에
해 저문 행간을 건너 종종걸음 걷고 있다

늪지도 만나고

–형산강 5

강바람에 실려 온 길 잃은 돌조각이
몸속 깊이 파고들어 허벅지에 생긴 지문
부서진 경주 안계 땜, 가는 길을 막는다

희뿌연 늪지 속에 갇혀있는 가시연꽃
흑자주빛 혓바닥에 올챙이를 앉힌다
보고도 보이지 않는 한쪽 눈이 먼 남매

다슬기의 하루

–형산강 6

마세트 제초제에 더듬이가 망가져서
길 잃은 다슬기가 겨우내 잠 못 든다
서로들 자리싸움에 밤새워 뒤척인다

붉은 해 일어설 때 스멀스멀 기어 나와
찬 이슬 한 방울로 마른 목 적시고는
어미의 냄새를 찾아 아픈 다리 끌고 간다

천북 산업단지
–형산강 7

오야리 공단폐수 한 모금 마시고는
사방을 배회하다 꼬꾸라진 미꾸라지
가쁜 숨 몰아쉬더니 혀를 물고 늘쳐졌다

잘려나간 지느러미, 제 한 몸 가누지 못해
휘어진 등허리로 비실비실 꿈틀댄다
어쩌면 '봉숭아 학당', 코메디 프로처럼

안강 두류공단
–형산강 8

안강읍 두류2리 폐기물 매립장 주변
희뿌연 안갯속에 궂은비가 내린다
온몸에 가려운 고통 붉은 반점 번져간다

P 화학 공장에서 흘러내린 납 찌꺼기
나치 포로 묶여가듯 칠평천 따라간다
두꺼비 아킬레스건 끊어진 듯 절룩인다

눈먼 숭어
–형산강 9

먼 창공 응시하며
나래 펴는 물수리

시야에 든 물고기
송곳같이 낚아챈다

아뿔싸 폐수에 눈먼
늙은 숭어 한 마리

강동 산업단지
–형산강 10

악취가 진동하는 왕신리 산 43번지
폐유를 뒤집어쓴 야윈 바람이 몰려간다
저물녘 마을 어귀에 문패들이 쌓인다

Y 화학 공장에서 넘쳐흐른 침출수가
제 속살 찢어가며 왕신천 따라간다
수초에 걸려든 붕어, 터진 배가 시리다

청둥오리
–형산강 11

허기진 배를 안고
병든 깃털 날리며

여기저기 뒤지지만
먹을 건 아예 없다

달빛도 제 눈길 돌려
삼가는 깊은 밤에

재첩
–형산강 12

포항공단, S 화학에서
유출된 카드뮴이

두 손 꽁꽁 묶인 채
구무천 따라간다

심장이 녹아버린 재첩,
노을에 물려 있다

동빈 내항
–형산강 13

드센 바람 몰아치던 허허벌판 모래사장
높다란 굴뚝에서 시커먼 연기 뿜으며
핑크빛 감싼 형산강, 중병을 앓고 있다

H 화학 공장에서 흘러내린 시안화물에
눈알이 튀어나온 붕어 물고 앉은 백로
노을에 체온을 나눠 또 하루를 건너간다

사십 년 막힌 물길 죽도시장 동빈 내항,
꽉 막힌 내항 뚫어 유람선 깃발 날리며
영일만 새벽을 깨워 해맞이 찾으러 간다

새벽을 열며
–형산강 14

야윈 바람 앞세우며 구불구불 산을 돌아
저문 강물 이끌고 건너가는 국당교
죽지 흰 기러기 한 쌍, 반음으로 날고 있다

시간의 반대편으로 달빛은 불어나고
아물수록 더욱 환한 송사리의 아픈 상처
마음속 깊이 묻으며, 새벽의 문을 연다

상처도 안아주고

–형산강 15

바위에 부딪히며 퍼렇게 멍든 상처
패인 돌이 이끼 핀 돌 따스하게 안아 준다
시원한 물줄기 따라 도란도란 이야기하며

감아 도는 물길 위로 어긋나는 은빛 물결,
마음 하나 비워두고 품 안에 받아들여
두 손을 힘껏 붙잡고 남은 손때 헹군다

자전거 길에서
–형산강 16

어머니 미소 같은 아침 햇살 등에 업고
굽이진 강물 따라 은빛 페달 밟는다
개나리 환한 꽃 사태, 봄도 함께 끌고 간다

사각사각 감겨오는 시간의 촉감 위로
키 낮은 언덕들은 발돋움 서두르고
포구는 관절을 풀고 닻을 끌어 올린다

03 정방 폭포

월급봉투를 보며

서랍을 정리하다 눈에 띈 봉투 하나
귀퉁이가 헤지고 글씨마저 희미하다
젊은 날 놓친 꿈들이 잠에서 깨어난다

두 아이 학자금에 불어나는 대출이자
다 늙은 자전거로 아침 시장 누비며
날마다 새벽을 깨워 구멍가게 열었던

내 생애 재산 1호, 만기 된 재형저축
열 평 남짓 아파트에 벽은 늘 차가웠어
부서진 꿈의 잔해가 늘브러진 청춘 한 때

정방폭포

낮게낮게 엎드리던
기도는 끝이 났나

수천 마리 백마 타고
바다로 뛰어내리는

사내들 저 하얀 결의,
천 리를 끌어안은

소낙비

노오란 게릴라들
전투가 시작됐다

백만 대군의 기습공격,
한 낮마저 포위됐다

일순간 내린 소낙비
맑게 씻긴 고요 한 채

바퀴벌레처럼

지난밤의 취기가 흑백으로 남은 아침
찬바람에 나뒹굴던 빈 술병은 흐느끼고
뒤엉킨 전깃줄마저 나를 꽁꽁 묶는다

독설은 벽을 넘어 허공을 휘저으며
아내의 앓는 소리, 비수 되어 파고든다
나는야 자폐증 환자 쥐구멍을 찾는다

시리고 저린 몸을 다시 또 추슬러서
시름시름 앓던 죄는 조금씩 씻어내고
구겨진 와이셔츠를 천천히 동여맨다

청명 무렵

춘분과 곡우 사이 뜨락이 분주하다
닫힌 하늘 문을 열자 범나비 날아들고
백목련 붕대를 풀고 등불 환히 밝힌다

예쁜 뺨 적셔내며 수줍음을 터뜨리는
풀린 듯 조여 있는 귀가 닮은 이른 아침
어머니 발자국 소리, 뜰 앞에서 멈춰 선다

목월 생가에서

안경만 벗어두고
선생은 외출 중이다

술 익은 마을 찾아
강나루 건너는지

카랑한 너털웃음이
떠도는 걸 보았다

낙엽 2

퇴직에 얽힌 그림 그리던 한 사내가
빈 가지 움켜잡고 속옷이 찢겨진 채
바람에 제 살을 삭혀 야윈 몸 드러낸다

앉을 자리 찾아 놓고 다시 먼 길 돌아와서
무거웠던 제 한 몸 바닥에 내려놓으며
오래된 한 권의 책을 가슴 속에 욱여넣는다

향수

제주공항 면세점에서
눈에 띈 향수 한 병

이름조차 모르지만
아내에게 선물했더니

온 집안 환한 꽃향기
일 년은 편하겠네

선운사 동백

벌도 없고 나비도 없고
짝사랑을 잊지 못해

열흘날 기다리다
뜬 눈으로 불 밝히며

밤새워 흐느낀 북두,
붉은 눈물 떨군다

건망증 4

풀린 듯 조여 있는
귀가 닳은 이른 새벽

김밥값을 계산하고
축제장에 도착해보니

어쩌나 김밥은 없고
젓가락만 들어있네

커피는 노

유년 시절 우연히
눈에 띈 커피 봉지

그 맛이 달콤하여
냄비 가득 끓여 마셨지

온종일 어지러움증,
지금도 커피는 노

지진

한줄기 찬바람이 모질게 지나간 후
깊은 산 속 새소리가 점점 크게 들리더니
한순간 윙윙거리며 뒤통수를 때린다

시퍼런 긴장 속에 멀미를 끌어안고
발끝에 채는 어둠 후딱 벗어 던지지만
진창 속 뛰는 가슴은 작두날을 건넌다

달 속 환한 미소
–어머니 1

정화수 앞에 놓고
새벽을 삶아내며

큰아들 잘되라고
두 손 모아 빌고 빌던

연못가 달 속에 비친
어머니 환한 미소

목어
—어머니 2

구순 넘은 마른 잎에
어둠조차 내려앉아

온몸이 삐걱대며
허연 뼈로 드러누운

오래된 목어 한 마리
활처럼 휘어있다

일그러진 발고랑
–어머니 3

칠남매 품어내느라
앙상하고 축 늘어진,

발길 끊긴 병상 구석
어머니 가슴을 본다

몇 센티 남아있을까
일그러진 저 밭고랑

일출 3

삼십육 년 증오와 분노
참았던 긴 설움이

용암을 분출하듯
한꺼번에 솟아오르는,

베토벤 환희의 찬가
합창처럼 붉은 날에

벌초하는 날

때 놓친 잡초더미
저물도록 잘라냈다

가파른 언덕길을
내려오다 돌아보니

아버지 봉분 너머로
달이 싱긋 솟았다

달려가는 비
—상강에

퇴직 앞둔 한 사내가
긴 머리 늘어트리고

일기장을 걸어나와
빈 배에 올라탄다

어둠에 등을 기대고
노를 저어 나간다

04 이야기가 있는 시조

못 갖춘 구도

대잠동 마을 어귀, 새벽부터 개가 짖는다
"이놈들 못 들어온다" 욕으로도 모자라서
할머니 드러누운 채 바락바락 악을 쓴다

재건축 공사판의 다 낡은 초가 한 칸,
어르고 달래기가 전쟁 같은 보상 앞에
휘어진 허리를 펴며 버티어온 하루하루

육 남매 홀로 키워 악만 남은 팔순 노인
뒤틀리고 어긋난 삶, 욕으로나 가득 채워
무장한 포클레인 앞에 걸레처럼 누웠다

왜 하필이면 그때

당직 날 목욕탕에 정전으로 아우성이다
비상 전원 도면 찾아 탕 안으로 들어서자
캄캄한 모퉁이에서 한 여인이 악을 쓴다

성희롱 상담에서 마주 앉은 그녀와 나
알몸을 보았다며 오백만 원 요구한다
어쩌나 칠흑 어둠에 목소리만 들었는데

하룻밤 자고 나면 상처는 더욱 커지고
시간의 반대편으로 소문은 불어났다
왜 하필 그때 그 자리 주연이 나였을까

왜 하필 그 차가

김 대리는 운전 중 앞차가 서행하자
창문 열고 악을 쓰며 경적을 울리다가
딱 들킨 경찰관한테서 고지서를 받았다

다음날 출근하여 머리는 복잡하고
그놈의 차 때문에 되는 일이 없다며
온종일 끙끙 앓다가 투덜대고 다녔다

박 과장을 통해서 차 주인을 알게 된 후
부장 앞에 머리 숙여 말이 없는 김 대리
왜 하필 그때 그 차가 부장님 차였을까

그 수표 때문에

없어졌던 수표가 병원에서 발견됐다
범인의 인상착의, 필적이 확인됐다
첫 번째 안경 낀 사람, 범인으로 지목됐다

코가 크거나, 눈이 작거나, 머리가 긴 사람은
안경 벗고 고개 숙여 근무하게 되었다
두 번째 필적 조사로 범인을 찾자 한다

"왜 하필 그 수표가 내 눈에 띄었을까"
흘림체로 사인하고 어머니를 퇴원시킨
김 대리 권고사직 후 인력시장에서 보았다

금연 이야기

박 대리는 소변에서 니코틴이 검출되자
빌려 간 소변으로 재검사를 받았다
다행히 첫 번째 검사는 무사히 통과했다

두 번째는 소변 대신 피검사를 하게 되어
자기는 하지 않고 동생에게 부탁했다
일란성 쌍둥이 형제라 무사히 또 통과했다

긴장을 벗어 놓고 안도의 숨 몰아쉬며
구석진 현장에서 담배 한 모금 들이키다
아뿔샤 자욱한 연기, 들통나고 말았다

낯선 청첩장

우편함에 꽂혀있는 낯선 청첩장 한 장
뚜껑을 열고 보니 희미한 이름 석 자
오래전 주소록에서 사라진 친구였다

방송마다 아우성쳤던 비행기 추락사고
자막으로 내보내는 탑승자를 확인한 후
아무도 친구 소식을 물어보지 않았었지

바쁘다는 핑계로 사십 년이 지나서야
소식 한번 주지 못한 미안한 맘 추스르며
날짜도 까마득한데 서두르는 축의 봉투

그때 그 흉터를 보며

긴 세월 짓무르며 오롯이 남아 있는
종아리에 새겨진 검붉은 꽃 한 송이
아내의 흉터를 보며 내 마음을 다그친다

등굣길이 서로 같은 꿈 많은 고교 시절
아침이면 그녀와 함께 새벽길 깨워놓고
센바람 가로지르며 은빛 페달 밟았었지

자전거가 넘어지며 교복은 찢어지고
애써 감춘 허벅지엔 피멍이 드러났었지
몇 근씩 불어난 소문, 온몸으로 감싸 안던

친구의 복권 꿈

꿈속에서 나타난 두 마리 새끼 돼지
쫓으면 따라오고 쫓으면 또 따라와
출근길 복권방에서 복권 두 장 샀었다나

회의도 불참한 채 화장실 변기에 앉아
식은 땀을 흘리며 긁고 또 긁었더니
숫 사자 다섯 마리가 환하게 웃었다네

읽다 만 편지처럼 월세금은 늘어나고
열 평 남짓 작은 방에 벽은 늘 눅눅했어
마침내 복권방 앞에 멈춰서는 내 발걸음

건망증 3

죽도시장 가자며 재촉하는 아내 말에
급하게 차를 몰고 시장 입구 들어서 보니
어찌나 아내는 없고 바구니만 옆에 있네

전화를 하려 하나 휴대폰도 간데없고
노오란 택시 한 대 내 앞을 막아 서네
일순간 싸늘한 공기, 일 년은 기죽겠네

착각

속도위반 범칙금은
어디에 내는가요

번호표 뽑아 오세요
은행 직원 한 마디에

한동안 망설이던 사내
차 번호판 뽑아 왔다

대선, 투표하던 날

시집간 딸이 와서 두 살짜리 애를 맡기자
“누구에게 투표할 거냐” 물어보던 아내가
갑자기 애는 안 보고 외출하고 말았다

투표 못 한 큰딸이 시어른께 전화하자
“누구를 찍을 거냐” 물어보는 시어른
큰딸은 투표 못 한 채 돌아가고 말았다

부처님 오신 날에

시조 한 수 쓰지 못해
사나흘 끙끙대다

흘린 시 있나 싶어
충효사에 갔다가

초장도 줍지 못한 채
밥만 뚝딱 두 그릇

다시 만난 김 병장

허구한 날 방망이로
군기 잡던 악질 선임

직장에서 다시 만난
부하 사원 김 대리

또 다른 아픔이 온다
커지는 허리 통증

외나무다리 우화

쥐새끼 한 마리가
그림을 또 그렸다

낮잠 자던 고양이
깜짝 놀라 도망치다

어쩌나 원수같은 개의
뒤통수를 밟았다

스쿼트하는 여자

한수원 화랑 체육관 하루가 통통 튄다
땀으로 범벅이 된 다리 다친 새 한 마리,
악쓰는 기합 소리가 새벽을 찢고 있다

가냘픈 허벅지가 부풀어 오를 때마다
스쿼트에 빼앗긴 십 년, 아침을 열어가며
어릴 적 잊어버렸던 꿈이 하나 솟는다

짧은 다리 절룩이며 밤새 울던 아픔들은
단 한 번 날지 못한 아린 꿈을 펼치면서
마침내 울음을 털고 하늘로 날아간다

*스쿼트(Squat) : 바벨이나 덤벨을 든 상태에서 앉았다 일어나는 동작을 반복하는 하체 운동

비, 후유증

장대비 쏟아지는 녹초가 된 퇴근길
보호자 확인하는 경찰관의 다급한 전화와
요란한 경적 소리가 온 시내를 찢었다

빗길 속 추월하는 자동차에 부딪혀
하반신이 마비된 채 누워서 밥을 먹던
아내의 부러진 허리뼈, 반년을 간호했다

대변을 후벼냈던 아픈 기억 뒤로 하고
몇 근씩 불어난 통증 잊은 지 이미 오래
내리는 가을비 맞으며 그 길을 다시 걷는다

다시, 폭우

거친 바람 몰고 온, 칠흑 속 사내들이
"없는 놈 끼니 닥치듯" 불쑥불쑥 나타나
무수한 공격과 함께 도시를 점령했다

역류하는 하수구에 길 없는 길이 있어
질주하던 자동차는 불빛이 흐려진 채
친구는 점점 더 멀리 사라지고 말았다

청춘의 깊은 사랑과 쇳물에 바친 몸부림,
허옇게 드러난 채 봉합되지 못하고
먼 기억 다시 찾아서 그 길을 걸어본다

둘레길에서

포스코에 근무하며 글 쓰던 동호인들
등단이란 번호 달고 앞만 보고 걸어간다
가다가 힘에 부치면 빈 굴뚝 바라본다

운율은 거친 숨결, 인파에 흔들리고
더듬대던 한 줄의 시 묵묵히 끌려 나온다
제철소 쇠 끓는 소리 영일만에 넘친다

행간에서 길을 잃어 가슴이 먹먹할 때
그리움을 뒤로 한 채 걷고 또 걷다 보면
저물녘 달빛 한 자락, 이불처럼 깔린다

치유와 소통, 그 은유의 강

/정경화

치유와 소통, 그 은유의 강

정 경 화 | 시인

1

박종구 시인이 『벙어리 새』라는 타이틀로 두 번 째 정형시집을 내놓는다. 작가라면 누구나 한번쯤은 환치되어 보았을 법한 아이콘이 아닐까. 이렇게 말이 많은 세상에 벙어리라니, 말이 많아도 너무 많아 혹자는 홀로 여행을 떠나기도 하고, 깊은 산속으로 스스로를 유폐시키기도 하고, 아예 사람이 아닌 반려동물과 살기도 한다. 반려동물을 키우는 인구가 천만이라고 하니 사람들의 언어는 앞으로 얼마의 세월까지 유효하게 쓰일까. 오죽하면 사람보다는 동물들과 잠을 자고 밥을 먹고 스킨십을 나누고 그들과 카페를 가고 음악회를 즐기고 심지어 재산까지 물려주는 희귀한 광경이 벌어지는 세상이 되었을까.

3포 세대, 5포, 7포 나아가 더 많은 것을 포기해야 하는 N포 세대에 우리는 살고 있다. 지금 젊은이들은 이런 이유를 거의 경제력에 그 핵심을 두고 있지만, 우리나라 보릿고개 시절 극한 굶주림 속에서의 의지와 갈망을 돌아보아도 그렇고 히말라야 제일 동쪽 작은 나라 '부탄'의 행복지수가 97%라는 것만 봐도 결코 경제력이 문제가 되지 않는다는 것을 알 수 있다.

결국은 치유와 소통의 문제다. 육신의 아픔을 고쳐주는 의사가 아무리 많아도 더욱 많은 종류의 병명과 환자들이 생겨나듯이 마음의 아픔을 닦아주던 시조집의 숫자도 필요 이상으로 쏟아지는데 결국 더 많은 갈등과 피해의식은 늘 표류되어 떠다니고 있다.

시인은 자신의 시조집 안에서 나타내는 생각과 언어(말)와 시조집 밖에서 행동하는 언어(말)가 같아야 한다. 문자 안에서는 명징한 진단과 현답을 찾아 아름다운 은유와 함께 결연한 의지까지 보여주고 있는데 문자 밖에서의 실상은 그에 따라가지 못하거나 오히려 외면하고 역행하는 일이 허다하다. 시인은 이 시대의 정신적인 결핍과 행동의 부재로부터 앞서 견인하는 역할을 충분히 해낼 수 있어야 한다. 무릇 죽어서 살기 위하여 살아서는 죽어도 좋을 정도의 사명감을 가지고 실천해야 한다는 뜻이다.

벙어리 새! 얼마나 먼 길이기에 새가 되려 했을까. 얼마나 크게 외치고 싶었으면 소리를 버렸을까. 박종구 시인이 시인이었기에 더 앓았을 냉가슴을 천천히 들여다본다.

옹이 진 그리움은 대를 물린 죄가 되나
욱신대던 등뼈까지 기우뚱, 무너져도
그 흔한 반성문 하나 쓰는 이가 없었다

메탄가스 가득 찬 시곗바늘 멈춘 갱도

튀는 눈물 국물 삼아 깻묵으로 버틴 아버지
품삯은 사치스런 꿈, 사는 것이 벌이었다

울음마저 빼앗기고 날개는 또 꺾이지만
고향의 푸른 언덕 청보리 익는 소리에
땀으로 목을 축이며 소리 없이 울었다

–「벙어리 새」–강제 징용

최근 일본 아베 정부가 화이트리스트에서 한국을 제외시키면서 경제보복을 단행하고 있는 그 단초가 된 소재이기도 하거니와 시조집의 표제이기도 한「벙어리 새」가 제일 먼저 눈에 띄었다.

우리나라는 1910년~1945년까지 35년간 일본제국주의의 식민통지를 겪었다. 이 시기의 만행 중의 하나가 강제징용이고 시인의 아버지는 일본기업(신일본제철, 현신일철주금)으로 끌려가 노동을 착취당했던 모양이다. 시인은 철저히 대물림이 된 "옹이가 된 그리움"을 천천히 인화시켜 나간다. 절룩이던 발목부터 "욱신대던 등뼈까지 기우뚱, 무너져" 감겨오는 통증을 접신하듯 느끼며 그 누구도 쓰지 않았던 반성문을 대신 쓴다. 시인의 이름으로 진단하고 아버지를 대신하여 소리쳐보고 싶었던 것이리라.

1965년 박정희 정부는 이미 일본 정부로부터 8억 달러의 보상을 받았다. 하지만 '시계바늘 멈춘' 갱도 안에서 메탄가스를 마시고 "튀는 눈물을 국물 삼아 깻묵으로 버틴" 그 시절의 아버지는 "울음마저 빼앗기고 날개는 또 꺾이"었지만 죽어서도 지울 수 없는 소리 없는 울음의 값을 그 정도의 보상으로 맞바꿀 수 있겠는가. 끊임없는 투쟁과 소송으로 보상이 아닌 배상을 받을 권리 앞에 우리 대법원에서는 결국 70년 만에 손을 들어 준 것이다. 그러나 삼권 분립을 아무리 주장하여도 현실은 경제 강국의 갑질로 이어질 수밖에 없다.

순간, 이 시조를 당당하게 들려주고 싶다. 변명으로 조잘대는 저들의 입술이 이 시조 앞에서만큼은 적어도 벙어리가 되어야 할 것이다. 우리 민족의 역사적, 시대적 설움을 대변하고 아버지와 징용자들의 영혼을 잘 위로하는 작품으로 큰 박수를 받을 만한 수작이다.

2

"P제철소에서 산업역군으로 정년을 마친 특기한 이력의 시인이다 매 시편마다 율격이 자연스럽고 행간마다 상당히 깊은 은유를 저장하는 힘을 지녔다"고 말한 민병도 선생님의 해설에서도 볼 수 있듯이 박종구 시인은 첫 번째 시집『질경이의 노래』에서 이미 그 작품의 보법과 진단의 안목을 인정받았음에도 불구하고 자신을 내세우거나 떠벌리지 않는 충청도 양반의 심성을 지닌 참 점잖은 사람임에 틀림이 없다. 가끔 우리는 집안에 귀한 유품이나 그림을 곁에 두고도 그 가치를 잘 모르고 지나칠 때가 있는데 시인의 첫 시집을 다시 일별해 보고는 그런 생각을 지울 수가 없었다. 시간이 지나서야 비로소 '그 때 그 사람!', '그 때 그 시조!' 라고 미처 알아보지 못함이 오히려 미안해졌다. 박종구 시인은 바로 그런 사람이다. 이후 시인은 비정규직이지만 다시 경주 한수원에 취직을 하였다. 아무리 정년퇴직을 했더라도 아직은 더 뛸 수 있고 또 건강한 정신을 잃지 않았기에 끝까지 안일한 삶을 받아들이지 않았다.

산업 현장에서 벗어나 재취업하기 전 허탈감에 빠져 있던 시절, 낯선 시편이 있어 잠시 돌아가 본다.

> 호각소리 꺼져있는 빈방에 혼자 남아
> 출근길 자동차만 멍하니 보다가
> 아내의 앓는 소리에 깜짝 놀라 일어섰다
>
> 소금물에 절인 배추 해 종일 치대었다
> 전화벨이 울어도 허리 한번 펴지 못하고
> 약 오른 파뿌리보다 더 매운 하루였다
>
> 꽃 버린 텅 빈 대궁 빗물이 파고들 듯
> 한 평생 닳고 지친 그믐달을 배우며
> 쇳물에 절인 삼십 년, 반액 세일 중이다
> –「반액 세일 · 1」

하루도 빠짐없이 일터로 내달리던 발걸음이 어느

날 "호각소리" 뚝 끊긴 빈 방에 홀로 갇히게 된다. 출근길 대열에서 밀려날 수밖에 없는 자신의 초라함을 발견할 새도 없이 아내의 병환으로 집안일을 대신한다. "해 종일 치대어"낸 배추가 오히려 자신의 모습인 양 "파 뿌리보다 매운 하루"를 맵차게 묘사하고 있다. 60세 정년의 남성을 "꽃 버린 텅 빈 꽃대궁"으로 은유하는 것도 쉽지는 않았을 터 그 안에 빗물이 고여 들게 함으로써 울컥, 독자들을 울리는 장치도 놓치지 않았다. "한 평생 닳고 지친 그믐달"을 다시 배우는 시인의 가슴은 또 얼마나 따뜻한가. "쉿물을 절인 삼십 년"을 "반액세일 중이"라니…, 능수능란하게 잘 낚아챈 언어감각이 반전의 묘미를 잘 살려내었다.

시름시름 앓아가며 사나흘 밤 기다렸다
첫사랑 연서 물고 나래 펴는 기러기 떼,
흰 꼬리 흔들어 대며 저녁 하늘 끌고 간다

물결은 음파처럼 촘촘히 밀려오고
속대를 쥐어 틀어 물기를 다 말리고는
갈대꽃 하얀 파도가 기계천변 밝힌다

말리면 말린 만큼 편하고 부드러운,
비우면 비운만큼 홀가분한 가벼움에
해 저문 행간을 건너 종종걸음 걷고 있다

–「입동」– 형산강 4

이번 시조집에는 '형산강'이라는 부제가 붙여진 작품이 16편이나 실렸다. 시인은 최근 경주시와 포항시에서 형산강을 중심으로 산업, 환경, 관광, 생태 분야의 가치를 지역 상생 발전의 동력으로 삼고 있는 뜻을 진즉 알아챈 것이다. 몇 밤을 꼬박 새어도 결코 제 발로는 오지 않는 시를 찾아 야심차게 맨발로 강을 건너는 시인의 모습이 보인다. 사계절을 오가며 때로 죽은 새와 물고기의 시체를 묻어주기도 하고 때로 파헤쳐진 토사와 함께 발이 시린 줄도 모르고 입동을 건넜으리라.

화자가 뒤로 슬며시 빠지며 형산강의 환경 문제적 이미지를 부각하는 듯했으나 기계천변의 노을과 갈대의 모습을 "행간을 건너" 결국은 화자의 마음을 잘 클로즈업시켜 내면화한 작품이다.

"시름시름 앓아가"는 형산강의 저물녘도 "첫사랑 연서 물고" 날아 보면 나래도 활짝 펴지고 '흰 꼬리'도 자유자재로 흔들어 대며 붉게 물이 드는 아름다운 서정이 펼쳐진다. 새들이 떠나가도 다시 '물결'이 배경이 되고 결국은 저를 다 말리고 비운 '갈대꽃'이 또 하얀 파도를 일으켜 회귀를 꿈꾸며 촘촘히 수를 놓고 있다. 깃털보다 더 가볍고 예리한 수실로 한 땀 한 땀 시쳐 내려간 신혼 초야의 이불처럼 화폭이 부드럽다.

붉은 해 일어설 때 스멀스멀 기어 나와

찬 이슬 한 방울로 마른 목 적시고는
어미의 냄새를 찾아 아픈 다리 끌고 간다
–「다슬기의 하루」–형산강 6 둘째 수

사각사각 감겨오는 시간의 촉감 위로
키 낮은 언덕들은 발돋움 서두르고
포구는 관절을 풀고 닻을 끌어 올린다
–「자전거 길에서」–형산강 16 둘째 수

지역사회에 대한 애정이나 주변 환경에 대한 조명과 그 소명의식은 누가 시키지 않아도 연구해 나가야 할 시인의 책무이기도 하다. 위 두 편 역시 난개발과 생태복원에 따른 아픔을 이겨내고 일어서는 형산강의 의지를 '다슬기'와 '자전거 길'을 통해 의인화한 작품인데 시인의 오랜 사유를 통한 자연과의 소통을 "어미의 냄새를 찾아", "포구는 관절을 풀고" 등 요소요소에 잘 대입시켜 "닻을 끌어 올리"듯 완성도를 높였다.

3

얼마 전 장편 다큐멘터리 상을 수상한 작품 "프리 솔로"를 감동 깊게 본 적이 있다. 등반가 알렉스 호놀드가 미국의 요세미티 국립공원의 약 914미터 직벽 '엘 캐피탄'을 3시간 56분 만에 아무런 장비도 없이 맨손으로 등반한다. 최소한의 손과 발의 감각을 지탱해 줄 수 있는 초크 가루와 등산화뿐 일체의 장비를 준비하지 않았다. 차마 눈 뜨고는 바라볼 수 없는 아슬한 등정을 성공할 수 있었던 건 끊임없는 사전 트레이닝과 한시도 놓지 않는 집중력이었다. 단 한 순간의 실수는 바로 죽음으로 직결되는데도 불구하고 그가 그 일에 집착하는 것은 그것을 통해 바로 그의 정체성을 찾았기 때문이라고 한다. 종이 한 장과 볼펜 한 자루만 준비하여 밤낮으로 시조를 쓰며 자아를 찾아가는 외로운 등정, 이것은 우리 시인에게 자기 정체성 찾기의 도전이 아닐까. 함께 손에 땀을 쥐며 단시조 몇 편을 살핀다.

낮게낮게 엎드리던
기도는 끝이 났나

수천 마리 백마 타고
바다로 뛰어내리는

사내들 저 하얀 결의,
천 리를 끌어안은
—「정방폭포」

제주도 서귀포에 있는 정방폭포는 천지연폭포와 달리 오색영롱한 무지개 속에 조심스레 파도 위로 떨어져서 보통은 우아한 여성미를 느끼게 하는데 시인은 "사내들의 저 하얀 결의"라고 남다르게 표현하였다.

제주에서 썼으니 4.3 사건의 내용이겠거니 생각하다가 굳이 부제를 달지 않은 것을 보면 더 큰 포괄적인 의미를 보여주기 위함이 아닌가 생각된다. 시인이 한 편의 명작을 만들기 위해 새벽별 앞에서 수없이 "엎드리던 기도"나 억울하게 죽은 4.3의 희생자들을 위한 '기도'나 지금 나라 안팎의 바닥경제로 폭락의 위기를 맞는 민초들의 '기도'가 모두 "천 리를 끌어 안"듯 절실한 마음일 것이다. 저 "수천 마리 백마"들이 전설의 천마도처럼 반드시 금빛 날개를 펴고 꼭 다시 바다를 박차고 치솟아 오르기를 바랄 뿐이다.

신발을 벗어 던진
한 여인이 신음하네

탯줄 단 치어들이
꼬물꼬물 헤엄치며

해 저문 수평선 밖의
목선을 끌고 오네
—「바다」

하늘 문을 열어 놓아
기러기 떼 돌아오던 날

속살이 훤히 비친

눈부신 한 여인이

다소곳 창가에 앉아
가야금 뜯고 있다
–「보름달」

「바다」와 「보름달」은 치열한 삶의 현장에서 이제는 영원히 돌아와 아내의 품 안에서 안정을 찾으려는 시인의 회귀본능이 보인다. 이미 오래전 잉태의 기쁨과 산고의 고통을 다 겪은 여인의 품은 '바다'와 '보름달'처럼 언제나 넉넉하다. "해 저문 수평선 밖"에서 끌고 오는 '목선'의 정취와 평온함, 그리고 '가야금' 소리마저 환한 달빛 창가에 기대고 싶은 내면이 서사적 감정이입을 통해 청각화 시켜나가는 감성으로 이어졌다.

"시가 왜 꼭 난해해야 하는가. 왜 꼭 많은 어휘가 동원되고 윽박질러야 하는가. 시조는 민족시요, 국민 시가다. 봄비에 옷이 젖듯, 그렇게 읽는 이의 가슴에 타이르듯 젖어들게만 하면 된다. 말은 짧게 하고 뜻은 길게 하면 되는 것이다." 정완영 선생님의 말씀 한 구절을 옮겨보았다.

4

정완영 선생님께서도 강조하신 바 우리의 소소한 삶 곳곳에 얼마나 많은 생활시조의 소재들이 산재해 있는지 더듬이를 조금만 세워보면 마구 주워 담을 수 있다. 박종구 시인의 이야기가 있는 시조 두 편을 마지막으로 만나보자.

대잠동 마을 어귀, 새벽부터 개가 짖는다
“이놈들 못 들어온다” 욕으로도 모자라서
할머니 드러누운 채 바락바락 악을 쓴다

재건축 공사판의 다 낡은 초가 한 칸,
어르고 달래기가 전쟁 같은 보상 앞에
휘어진 허리를 펴며 버티어온 하루하루

육 남매 홀로 키워 악만 남은 팔순 노인
뒤틀리고 어긋난 삶, 욕으로나 가득 채워
무장한 포클레인 앞에 걸레처럼 누웠다
–「못 갖춘 구도」

없어졌던 수표가 병원에서 발견됐다
범인의 인상착의, 필적이 확인됐다
첫 번째 안경 낀 사람, 범인으로 지목됐다

코가 크거나, 눈이 작거나, 머리가 긴 사람은
안경 벗고 고개 숙여 근무하게 되었다
두 번째 필적 조사로 범인을 찾자 한다

“왜 하필 그 수표가 내 눈에 띄었을까”

흘림체로 사인하고 어머니를 퇴원시킨
김 대리 권고사직 후 인력시장에서 보았다
–「그 수표 때문에」

일상의 에피소드를 시조로 승화시키는 재주가 남다르고 재미가 있다. 「못 갖춘 구도」라는 제목부터가 참신한 발견이다. 아파트 시행공사로 인해 하루아침에 보상금을 많이 받아 입이 떡 벌어지는 주민들이 있는 반면, 코앞에서 마지노선이 잘려 보상은커녕 오히려 피해를 보게 되자 욕부터 나오는 경우가 있을 것이다. 팔십 평생 복 없이 살아온 할머니의 "뒤틀리고 어긋난 삶"과 "포클레인 앞에 걸레처럼 누"운 모습을 '못 갖춘 구도'로 잘 형상화시켜 놓았다. 그저 이야기로 흐를 법한 소재가 제목을 어떻게 채택하느냐에 따라서 전체 주제를 극대화시키고 탄탄한 궤도에 올려놓은 것이다.

「그 수표 때문에」는 오히려 사실 그대로에 입각한 제목으로 독자들로 하여금 내용을 쉽게 유추할 수 있도록 장치하였다. 둘째 수 초장의 "코가 크거나, 눈이 작거나, 머리가 긴 사람은" 음수율이 좀 늘어나 있지만 이 부분만큼은 표현의 적확성과 사실성을 위해 굳이 자수 맞추는 것을 피하지 않았나 싶다.

'욕쟁이 할머니'나 '해임된 김대리'나 모두가 가까운 이웃 서민의 모습이고 또한 치유가 필요한 우리 자신들의 모습이 아니겠는가. 아픈 사람일수록 먼저 다가

가 손을 건네고 소통의 눈빛을 나눈다면 우리 시인의 역할은 시조집 안과 밖으로 그 거리를 충분히 좁혀 나갈 수 있을 것이다. 그 외에도 배꼽을 잡게 만드는 이야기 시조가 곳곳에서 반기고 있다. 기왕에 이런 재미있는 일상적 소재에 좀 더 깊은 사유와 통찰의 세계를 함께 천착해본다면 요즘과 같이 시조를 읽지 않는 시대에 독자층을 다양하게 확보함과 동시에 시조의 발전을 위한 두 마리 토끼를 다 잡을 수 있지 않을까 하는 바람도 가져본다.

5

박종구 시인의 시조는 섣부른 형식에 편승하지 않고 전편 모두 정형의 그릇에 오롯이 잘 담겨져 있기에 훨씬 더 품위 있고 신뢰가 간다. 며칠 전 어느 세미나에서 또 다시 시조의 형식에 대한 강연이 있었다. 양장, 단장, 2행 등의 변형을 수용하자는 것이다. 벌써 오래 전부터 '국제시조협회'와 《시조21》,《개화》를 중심으로 시조의 국제화를 위한 운동과 함께 정형을 깨어서는 안 된다는 의지를 굳게 실천해나가는데도 불구하고 왜 이 문제가 사라지지 않고 계속 거론되는지 의아하기만 하다.

"시조의 가장 핵심적인 가치는 형태미에 있다. 시조가 지닌 모습이 불만이거나 못마땅하면 자유시를 쓰면 될 일이다. 굳이 시조의 존립기반인 정형을 굴레로 생각하면서 괴로움을 자초할 이유가 없다 그것은 천

년의 시조문학사에 안기는 굴욕에 다름이 아니다" "지나친 성형유혹에 빠져 한국인도 서양인도 아닌 착각 속의 아바타가 되어서는 안 될 일이다"라는 민병도 선생님의 칼럼에서도 보듯이 시조는 엄연히 3장 6구 12음보라는 형식이 정해져 있다. 이것이 깨어지면 이미 시조가 아닌 것이다. 한편 문단 말석의 모 시인이 반론을 제기한 것도 기억에 남는다. 양장시, 단장시, 2행시라고 타 장르에서 논의해야 할 체제를 왜 시조단에서 거론하냐는 것이었다. 건강하고 용기 있는 발언이었다.

'시조다운 시조'를 고집하는 박종구 시인의 새 시조집 『벙어리 새』의 상재를 축하하며 결언에 이르러 시조의 정형성을 화두로 내세우는 것은 시조만이 갖는 정체성에는 내용의 현대적 수용과 참신한 발견 못지않게 정형성을 잃지 않는 게 무엇보다도 중요하기 때문이다. 시조의 발전이니 모색이니 하는 말로 혼란만 가중시키는 일부 시조인들을 향해 결코 우리는 벙어리처럼 가만히 있어서는 안 된다. 한 치 흐트러짐 없이 정형을 실천하는 모습을 더욱 지속적으로 보여주고 선도하여 세계무대를 향한 소통의 리더로 함께 할 것을 진심으로 바라기 때문이다.